Rainer Müller-Brandes

Lust nach Gott zu fragen

Rainer Müller-Brandes

Lust nach Gott zu fragen

Predigten und Texte zu diakonischen Themen

Fromm Verlag

Imprint
Any brand names and product names mentioned in this book are subject to trademark, brand or patent protection and are trademarks or registered trademarks of their respective holders. The use of brand names, product names, common names, trade names, product descriptions etc. even without a particular marking in this work is in no way to be construed to mean that such names may be regarded as unrestricted in respect of trademark and brand protection legislation and could thus be used by anyone.

Cover image: www.ingimage.com

Publisher:
Fromm Verlag
is a trademark of
International Book Market Service Ltd., member of OmniScriptum Publishing Group
17 Meldrum Street, Beau Bassin 71504, Mauritius

Printed at: see last page
ISBN: 978-620-2-44262-6

Der Beitrag von Kirche und Diakonie für unsere Gesellschaft

Vortrag vor dem Evangelischen Arbeitskreis der CDU in Niedersachsen Hermannsburg 2018

Sehr geehrter Herr Heuer, sehr geehrter Herr Hilbers, sehr geehrter Herr Meinecke, sehr geehrte Damen und Herren,

ich bekomme Zeitungsausschnitte auf meinen Schreibtisch. Jetzt landete einer bei mir mit der Überschrift: „Die sieben Todsünden unserer Gesellschaft. Eine Gesellschaftskritik“. Soll ich ehrlich sein? Ich hatte keine Lust, ihn zu lesen.

Wir sind, das scheint ein Wesenszug unserer Gesellschaft zu sein, negativ unterwegs. Wir beklagen, was nicht funktioniert. Ich auch. Ich weiß auch, dass das notwendig ist. Damit wir besser werden. Aber mindestens, und das ist mir wichtig, mindestens genauso notwendig ist zu sehen, was gut funktioniert. Was uns gemeinsam trägt.

Also; statt über sieben Todsünden zu reden, rede ich lieber über sieben Herausforderungen. Und ich will versuchen jeweils kurz benennen: Wo stehen wir, was haben wir geschafft. Und wo fehlt es noch.

Orientieren werde ich mich einfach an meiner Woche. Ich bin Diakoniepastor, das ist vielfältiger, bunter und schöner Beruf. Muss man ja auch mal sagen.

Ganz kurz zum Diakonischen Werk: Wir gehören dem Kirchenkreis Hannover, haben uns jetzt als gemeinnützige GmbH aufgestellt, freuen uns über etwa 800 Ehrenamtliche und 1200 Hauptamtliche.

Ich steige ein:

Montags bin ich bei unseren Diakoniestationen zum jour fixe verabredet:

Als Träger von ambulanter und stationärer Pflege freue ich mich, -muss ich ganz offen sagen-, dass das geheime, schlummernde Thema endlich auf der politischen Agenda ist. Denn da gehört es dringend hin.

Einfach weil ich aus der Sicht eines *pflegebedürftigen Menschen* oft nicht zufrieden sein kann. Häufig wechselndes Pflegepersonal, Unzuverlässigkeit und Papierkrieg.

Als *Pflegekraft* kann ich aber auch nicht zufrieden sein. „Ich arbeite wegen der Kinder nur vormittags," sagte mir jetzt eine Kollegin. „Das heißt: Sechs Uhr morgens Beginn. 10 Patienten in zwei Stunden mit Parkplatzsuche- mein neues Softwareprogramm zeigt mir. Das, was ich im Laufschritt gemacht habe, war nicht kostendeckend. An Wochenenden muss ich für erkrankte Kollegen einspringen. Die Bezahlung ist schlecht, Tarif ist ein hehres Ziel, aber noch weit weg.

Aus *Sicht der Kranken- und Pflegekassen* will ich natürlich nicht mehr bezahlen, weil das höhere Kosten für alle nach sich zieht.

Das ist die Situation, die ohne Osteuropäerinnen noch schwieriger wäre:

Was ist hier der Beitrag von uns als Kirche und Diakonie?

Der Patient muss an eins stehen. Das ist unser Auftrag. Immer noch und bleibend. Aber: Liebe Deinen Nächsten wie dich selbst heißt aber auch: Selbstaufgabe im Beruf ist nicht das Ziel.

Deshalb muss an zwei, aber in dieser Reihenfolge, eine refinanzierte tarifliche Bezahlung für alle kommen. Auch bei den privaten Anbietern. Sonst finden sich zu wenig, die in diesem Bereich arbeiten wollen. Lange haben wir die Augen zu gemacht, aber inzwischen lehnen Patienten ab, von denen wir wissen: Das wird sich vorne und hinten nicht rechnen. Bitter, aber wahr.

Unabhängig davon müssen wir uns auch an die eigene Nase fassen. Der Staat, die Pflegeversicherung ist schön und gut. Aber machen wir bitte nicht den Fehler, alles vom Staat zu erwarten. Schließlich ist jeder von uns gefragt, links und rechts zu schauen, wie es der alleinstehenden verwitweten Nachbarin geht. Das ist Aufgabe von uns allen, Aufgabe als Christin, als Christ.

Jochen Klepper hat zwar im Liedvers gedichtet: Ja, ich will euch tragen bis zum Alter hin.

Nur: Gott hat keine Arme, außer unsere. Gott hat keine eigenen Beine. Außer unsere.

Dienstag:

Ich muss zum ev. Flüchtlingsnetzwerk und unserer Migrationsabteilung im Diakonischen Werk. Zum Megathema Flucht und Zuwanderung ist bereits viel gesagt worden. Deshalb nur drei Hinweise aus meiner kirchlich diakonischen Wahrnehmung:

Je mehr wir bei diesem Thema in der Vergangenheit auch als Kirche politisch korrekt waren, desto mehr Zulauf bekam die AfD. Nicht auf die Probleme hinweisen zu dürfen, weil das am Anfang als unkorrekt galt, war falsch.

Das zweite: Als meine Eltern zur Schule gingen, gab es keine Ausländer in der Klasse. Als ich zur Schule ging, gab es einen Franzosen. Der war sowas von Exotisch für uns.

Meine Kinder haben bereits im Kindergarten Kinder aus 10 Nationen wie selbstverständlich erlebt.

Wir haben in einer Generation eine so fundamentale Veränderung unserer Gesellschaft erlebt und- ich sage ganz offen- mehr oder weniger auch hinbekommen, dass wir uns auch mal auf die Schultern klopfen dürfen.

Die Tatsache, dass viele Menschen aus aller Welt zu uns kommen, zeigt, dass unser Gesellschaftssystem fair, hochanerkannt und sozial attraktiv ist. Wir haben binnen einer Generation eine friedliche Transformation unserer Gesellschaftszusammensetzung geschafft, die enorm ist.

Das dritte:

Wir als Kirchen haben hier unglaublich viel geleistet: Es war immer klare christliche Linie: Unserem Gott ist es nicht wichtig, ob ein Mensch hier geboren ist oder in Syrien. Das haben wir gesagt und durchgehalten.

Und die Tatsache, erlauben Sie mir die Bemerkung, dass viele sunnitische Syrer lieber zu uns in noch halbwegs christliche Abendland gehen als ins viel nähere und auch reiche ebenfalls sunnitische Saudi Arabien zeigt ja auch etwas.

Aber auch bei diesem Thema gilt: Die erste Hilfe, Unterbringung, Essen, medizinische Versorgung kann ein Staat gestalten. Die zweite Hilfe, die

Integration kann ein Staat nur unterstützen, aber nicht machen. Das können nur wir alle- gemeinsam als Gesellschaft.

„Ich bin ein Fremder gewesen und ihr habt mich aufgenommen'", heißt es in im Matthäusevangelium. Das ist schwer, anstrengend und manchmal auch ziemlich nervig, aber unser christlicher Beitrag war und ist hier von unschätzbarem Wert und es wird es glaube ich auch bleiben. Die privat betriebenen Flüchtlingswohnheime wurden von häufig kirchlichen motivierten Ehrenamtlichen am Laufen gehalten.

Mittwoch:

Hintergrundgespräche mit Ratspolitikern. Als Pastor ist man tatsächlich als Gesprächspartner gefragt, was natürlich irgendwie ganz schön ist. Auch und gerade über private Sachen, denn das Politiker Dasein verdient den allerhöchsten Respekt und ist hart, das nur am Rande. Denn natürlich geht es bei dem Gespräch auch um die freiwilligen Leistungen der Kommunen. Die oft für den sozialen Kitt in einer Stadtgesellschaft wichtig sind.

Ich werde deshalb weiterhin massiv freiwillige Leistungen der Kommunen einfordern. Aber zum dritten und letzten Mal: Delegieren wir unsere Verantwortung nicht komplett an den Staat. Das führt zur Überforderung der Systeme, zu überkomplexen Abläufen und einer Anspruchshaltung, die für alle Beteiligten anstrengend ist.

Wenn wir uns als Christen rausreden -wir sind da nicht weit von entfernt: „Muss ich mich nicht drum kümmern, muss der Staat machen, dann- nochmal- verlieren wir etwas von Gottes Gründungsidee. Deshalb ist es gut, dass in den diakonischen Leitbildern steht:

Diakonie braucht zwingend das Ehrenamt. Am besten pro Hauptamtlichen eine ehrenamtliche Kraft. Einfach weil der Gestaltungswille, weil die Kraft von Ihnen, von uns allen, die wir auch ehrenamtlich unterwegs ist, wunderbar und unverzichtbar ist. Weil wir, hauptamtlich unterstützt, anpacken, machen und die Dinge am Laufen halten.

Ein unverzichtbarer Beitrag unserer Kirche- auch und gerade bei diesem Thema. Passend dazu der

Donnerstag:

Der muslimische SPD- Landtagsabgeordnete bittet zum interreligiösen Dialog. Man kennt sich, spielt bei Fussballbenefizzturnieren zusammen und er ist einfach nett- gibt's auch in der SPD, wissen wir alle.

Bei der abendlichen Diskussion, die Humanisten sind auch eingeladen, geht es um die Frage um die Einführung des Reformationstages.

Ich habe natürlich eine Meinung zum Thema, aber im Nachhinein dachte ich: Warum verstecken wir Christen uns eigentlich? Warum ist manche Kritik gegenüber den Kirchen so harsch?

Etwa: Wir wüssten doch alles besser, wir seien oberlehrerhaft, vereinnahmend.

Ich war kürzlich für zwei Tage in Ev. Kloster Wülfinghausen zu Einkehrtagen. 6 Schwestern tragen das geistliche Leben dort. Und die zu erleben, ist wunderbar. Sie sind fromm, aber nicht anstrengend fromm. Sie sagen nicht; mach eine stille Zeit mit Gott jeden Tag, sondern: Schau was dir gut tut. Schau was für Dich in Deiner Beziehung zu Gott richtig ist. „Ich mache es so", sagen sie. „Übernimm es, wenn es dich überzeugt, lass es, wenn nicht."

In einer hannoverschen Gesellschaft, in der über 50 % aller Haushalte von einer Person bewohnt werden, in der unsere kirchliche Ehe und Lebensberatung überquillt, in einer Gesellschaft, wo Scheitern ein Tabu ist, ist es unser Beitrag, auch mal entspannt und fröhlich zu sagen:

„Weißt du was? Als Christ weiß ich mich noch von jemanden anderen getragen, gerade wenn es mal zu viel wird."

Über kaum etwas gibt es heute so viel Unkenntnis wie über das Christentum. Ich sag`s mal pointiert: Was weiß ich: Links und rechts stehen viele Bäume. Von Bäumen weiß man inzwischen in der Öffentlichkeit mehr. Sogar wir Christen selbst schämen uns manchmal sicherheitshalber für unsere Geschichte – und kennen viel zu oft nur ihre Schattenseiten.

Deshalb: Beenden wir die Allianz unseres christlichen Schweigens- und das fröhlich und selbstbewusst.

Freitag:

Morgens am hannoverschen Bahnhof. Viele haben auch jetzt in der kalten Jahreszeit draußen vor dem Bahnhof geschlafen. Elend pur. Das gab es vor zwei, drei Jahren noch nicht. Die Schlafplätze in den Hauseingängen: meist fest in osteuropäischer Hand. Als Diakonie haben wir tatsächlich zum ersten Mal am Bahnhof einen Raum aufgemacht, der Kompass heißt. Andere nennen ihn etwas hämisch Trinkraum. Weil man dort auch sein Bier trinken darf. Sehr schnell und kurzfristig, befristet für ein Jahr. Russisch und polnische sprechende Kollegen sind das. Die Stadt hätte das so schnell nicht geschafft. Sagen sie selbst. Wir haben jetzt tatsächlich die Hauptkirche, die Marktkirche in Hannover als Notübernachtung aufgemacht und es war überhaupt kein Problem, für die Nachtwachen Haupt und Ehrenamtliche zu finden.

Wir sorgen auch für medizinische Versorgung. Aus Spenden finanziert. Der neue Koalitionsvertrag in Niedersachsen, Herr Hilbers, Stichwort Hygienecenter, sieht da eine Menge vor, was ich gut finde.

Natürlich, das weiß ich, will man als Kommune nicht zu attraktiv werden für die Wohnungslosen. Weil dann noch mehr kommen.

Dahinter stellt sich aber eine grundlegende politische Frage:

Brauchen wir mehr Heimat oder mehr europäisch globales Denken? Die Frage zieht sich auch bei uns, Stichwort Heimatminister, durch die CDU, auch durch die SPD: Wie können wir weltoffen und liberal sein und gleichzeitig die mitnehmen, für die eine flexible individualisierte Welt kein Versprechen, sondern eher eine Bedrohung ist?

Was müssen wir tun, damit unser Zusammenleben trotz unterschiedlicher Interessen und Zugangsweisen weiterhin funktioniert?

Unser christlicher Beitrag: Zuerst helfen und dann fragen, warum es so ist wie es ist. Ein südafrikanischer Freund sagte mal bei einer Reise dort: Ich kann doch mit einem Hungrigen nicht beten, ich muss ihm doch zuerst zu essen geben.

Das gilt auch wohnungslose Menschen. Bis zu vierhundert versorgen wir jeden Tag. Mit Essen, Medizin, Wärme, einem offenen Ohr. Auch heute am Samstag wieder.

Samstag:

Und damit bin ich auch beim Samstag. Meist, heute nicht, schaue ich dann auf Hannover 96. Erinnert mich manchmal an unseren Gottesdienst. Mal schön, mal leidvoll.

Ein Mann in schwarz sagt, wo es langgeht. Oder inzwischen mit Bibiana Steinhaus auch eine Frau. (Klammer auf: Da waren wir als Kirche schneller). Wechselgesänge wie im Gottesdienst, frustrierte Fans, aufstehen, hinsetzen.

Liturgien, das merke ich dann, geben Sicherheit und Heimat.

Den Begriff Heimat kennt unsere Sprache nur im Singular. Ist das überholt?

Hannover 96 ist für viele Heimat. Für die Mannschaft, egal ob für den Ghananesen Sane, den Schweizer Schwegler, ein ganz netter Kerl, hat neulich bei uns in der Ökumenischen Essenausgabe mitgeholfen oder den hannoverschen Füllkrug-

Aber auch für die Fans: Für den Senior, das Kind, den Arbeiter oder Geschäftsführer.

Für uns alle gilt: Wir brauchen Heimat. Wir brauchen Liturgien. Wir brauchen Anbindung und Gemeinschaft.

Gerade in einer globalisierten Welt, in der McDonalds in Johannesburg genauso aussieht wie in New York oder Hamburg.

Wir brauchen Heimat, wir brauchen Identität. Auch zu unserem Land. Da hat die Weltmeisterschaft 2006 bei uns eine große und gute Rolle gespielt.

Und da spielen auch unsere Kirchen eine sinn- eine identitätsstiftende Rolle.

Kaum ein Gebäude in unseren Dörfern und Städten ist älter als unsere Kirchen. „Mir geht es nach meinen Reisen erst wieder gut, wenn ich den Kirchturm zu Hause sehe", sagte mir neulich jemand.

Wir brauchen Heimat. Unsere Kirchen stehen dafür. Heimat vor Ort und bei Gott. Globaler als er ist keiner.

Und damit bin ich beim

Sonntag:

Wir haben einen Traditionsverlust, was die kirchliche Bindung angeht. Einige von uns werden morgen in den Gottesdienst gehen, viele nicht.

Man kann fragen: Taugt das Christentum noch als geistiges Fundament Europas oder bleibt nur der Euro und der Binnenmarkt?

Das muss, finde ich, auch Atheisten interessieren, die wie Jürgen Habermas händeringend nach „rettenden Übersetzungen der jüdisch-christlichen Begrifflichkeit von der Gottebenbildlichkeit des Menschen“ suchen.

Denn das, was uns Christen verbindet, erlauben Sie mir das persönlich zu sagen, ist schön, ist stark.

Die in der Bibel eingefrorenen Erfahrungen mit Gott aufzutauen tut gut. Die Heilige Schrift ist, um es mit Luther zu sagen, Luther muss am Schluss schon noch sein,

die Heilige Schrift ist wie ein Kräutlein: Je mehr man es reibt, desto mehr durftet es.

Das gilt auch für unseren Glauben. Er duftet so schön, ist warm und wunderbar, so dass ich ganz sicher bin.

Uns Christen wird es immer geben. Wir werden weiter Gottesdienste feiern und fröhlich in die Welt gehen. Wir werden weiter Verantwortung übernehmen und mitgestalten.

Einfach weil wir wissen:

Wir sind nicht allein unterwegs.

Das ist- Gott sei Dank-, der Beitrag von Kirche und Diakonie für den gesellschaftlichen Zusammenhalt.

Vielen Dank für Ihr Zuhören.

Predigt anlässlich der Eröffnung der ersten Vesperkirche in Niedersachsen in der Lutherkirche Hannovers 2017

Liebe Gemeinde,

ich habe einen Traum.

Ich habe den Traum, dass es uns gelingt, unsere Kirchen noch einmal ganz anders zu öffnen.

Ich habe den Traum, dass sich hier oder anderswo in Hannover in zwei Jahren erneut so viele Ehrenamtliche finden, um die Vesperkirche in Hannover mit Leben zu füllen.

Und ich habe den Traum, dass all die Sorgen, die Zweifel, die vielen offenen Fragen, die wir im Vorfeld hatten und immer noch haben, irgendwann weggefegt sind, einfach weil wir wissen.

Es ist gut, dass wir das machen.

Es ist gut, dass wir für diese Menschen da sind.

Das ist die erste Vesperkirche in Niedersachsen, die wir hier gemeinsam versuchen, und Sie gehen als Kirchengemeinde der Nordstadt voran und zeigen:

Ja, mein Herz schlägt für alle. Familien, Singels, Arme, Reiche. Egal, hier sind alle willkommen.

Gut, dass wir uns überwunden haben. Und das jetzt ausprobieren.

In einer, wie ich finde, wunderbaren Kombination, weil es hier etwas für Leib und Seele gibt.

Ich fange mit dem Leib an.

Hier gibt es kostenloses Essen für Menschen, für die sonst keiner den Tisch deckt. Für Menschen, die überlegen müssen: Reicht das Geld? Für Menschen, die manchmal auch überlegen müssen: Wo sie denn heute schlafen..

Wir leben in einer Zeit, das macht mich schon wütend oder manchmal auch traurig, wo es

maßlose Armut auf der einen und den hoffnungslosen Reichtum auf der anderen Seite gibt.
Gehen Sie mal durch den Bahnhof. Dort steht eine Frau, ich sehe sie jeden morgen, mit ihrem Einkaufswagen voller Tüten, vor dem Cafe am Gleis 14. All ihr Hab und Gut ist drin. Pause

Und an ihr vorbei geht womöglich eine Frau, auf dem Weg, Diamanthalsbänder für ihren Hund zu kaufen.

Wir leben in Zeiten, wo eine alleinerziehende Frau mit drei Kindern aus ihrer Wohnung raus muss, weil sie über ein Jahr renoviert wird. Sie weiß nicht wohin. Wohnungsbaugesellschaften haben tausende Wohnungen im Bestand, alle belegt. Schauen Sie mal im Internet, gerade mal 3 oder 4 sind frei pro Wohnungsgesellschaft.

Wir leben in Zeiten, wo der Kontaktladen Mecki hinter dem Hauptbahnhof als Anlaufstelle für Wohnungslose morgens aus allen Nähten platzt, weil es dort etwas zum Frühstücken gibt.

Und all das kann doch für uns Christinnen und Christen nicht das letzte Wort sein.

Deshalb Vesperkirche:
Für Menschen, die Hunger haben. Aber, ganz wichtig, auch für Menschen, die hungrig nach etwas ganz anderen sind. Die nicht nur einen Euro in einen aufgestellten Becher werfen wollen, sondern die ins Gespräch kommen wollen. Die nicht von oben herab unterwegs sein wollen, sondern am gleichen Tisch sitzen wollen.

Denn hier gibt es etwas für den Leib und für die Seele.
Ich meine, wir müssen uns doch nur umschauen. Manche haben ihren Körper an die Stelle von Gott gesetzt, der Körper und die Studios werden zu den neuen Tempeln, es wird gefastet, verzichtet, aber wir alle wissen doch, dass das am Ende ein Kampf gegen Windmühlen ist.

(Neulich habe ich mich gebückt und da meinte doch einer zu mir: Na, Haare da oben werden auch weniger. Sieht ja sonst keiner)

Aber fit unterwegs zu sein, das allein reicht doch nicht. Was sind denn die Gewissheiten von heute?

In einer Zeit, in der wir kaum ahnen, wie es mal werden wird, wenn wir pflegebedürftig sind,

in einer Zeit, in der alte Gewissheiten wegrutschen, nur:

Was tritt an ihre Stelle?

Ich wundere mich schon, wenn ich in der Straßenbahn sitze, und sie dann sehe: Die Kaffeebecher, die Thermobecher, sind ja gerade modern, Kaffeebehälter, oder T- Shirts, auf denen Aufdrücke stehen wie:

„Schön, dass es mich gibt.“
Und eine Tochter meinte, ob man nicht mal im Kino, ich kenne den Film nicht, aber allein schon der Titel hat mich fertig gemacht. ES ging um den Film: Ich einfach unverbesserlich 3.

Ist das der neue Inhalt? Schön, dass es mich gibt. Verlieren wir uns nicht manchmal in der Arbeit an der eigenen Performance? Basteln wir nicht zuviel am Ego und zuwenig am Wir?

„Weniger Ich...mehr Wir!!“ schrieb jemand letzte Woche beim großen Reformationsfest unserer Kirche, beim Fest für alle in der Innenstand an die Thesenwand der Diakonie neben der Marktkirche:

Weniger ich- mehr Wir.
Deshalb Vesperkirche-.
Hier gibt es beides: Nahrung für Leib *und* Seele.

Lesen Sie sich das mal durch.- Das ist der Hammer, hätte ich jetzt fast gesagt, das Programm. Was hier alles läuft.

Für mich ist das hier die Kirche der Zukunft. Ein Gegenentwurf gegen so manchen Presseartikel, der sich in Austrittszahlen suhlt und der Religion vorwirft pathologisch zu sein.

Wenn ich dann so etwas lese, frage ich mich schon: Wollen wir uns, können wir uns jetzt allein erlösen? Und wenn ja, wie? Oder womit? Brauchen wir kein Korrektiv? Was ist mit der Pathologie der Vernunft? Wer baut denn Langstreckenraketen, die weit über Japan hinaus reichen, wer züchtet uns denn eines Tages genetisch? Doch nicht die Religion.

Deshalb finde ich die Vesperkirche so toll. Hier ist beides zu Hause.

Unsere Vernunft, die uns sagt: Es kann doch nicht sein, dass Menschen in unserer Stadt hungrig durch die Gegend laufen, weil das Geld zu knapp ist.

Und hier ist unser Glaube, unsere Religion zu Hause, die uns sagt:

Der Mensch lebt nicht nur vom Brot allein.

So dass ich hier vielleicht ja auch die Narbe meines abgenabelten Himmels im eigenen Herzen entdecken kann.

Die Geschichte dazu haben wir eben gehört. Der Mensch lebt nicht vom Brot allein. Jesus ist in der Wüste.

Und natürlich ist sofort klar, dass es nicht nur in der Wüste lebensfeindliche Ecken gibt. Sondern auch in der Stadt.

Und natürlich ist uns allen klar, dass wir man auch außerhalb einer Wüste einsam sein kann. Wo der Laptop dann eben nicht mehr tröstet.

Deshalb, falls wir jetzt abwinken und denken: „Solche Geschichten mit einem Versucher oder Teufel, das ist Mittelalter“,

dann frage ich mich manchmal:

Trägt der Versucher, wie er da in der Geschichte genannt wird, nicht manchmal auch mein eigenes Gesicht trägt?

Ich mein, mal ehrlich: Was fällt mir alles ein, wo ich nicht so lebe, wie ich eigentlich will und sollte?

Wir brauchen Brot. Für Leib und Seele.

Deshalb Vesperkirche.

Gut, dass wir heute starten.

Amen

Was verändert eine Stadt?

Festvortrag anlässlich des 10 jährigen Jubiläums einer Tafel in einer Kleinstadt in der Region Hannover 2018

Sehr geehrter Herr Lampe, sehr geehrter Herr Springfeld, sehr geehrte, liebe Mitglieder des Vereins, sehr geehrte Damen und Herren, viele von Ihnen ehrenamtlich tätig

als Diakoniepastor jetzt von Hannover war ich vor einigen Jahren einmal auch für Ihre wunderschöne Stadt zuständig, in der Nachfolge von Herrn Superintendenten a D Klatt.

Schon damals dachte ich: Ja, von solchen Kommunen lebt unser Land. Überschaubar, schön gelegen, mit guter Infrastruktur und Menschen, die, mein Eindruck jedenfalls, sonst widersprechen Sie mir, die das Herz am rechten Fleck haben.

Deshalb habe ich gern zugesagt, als Sie, Herr Lampe fragten, ob ich einen Festvortrag zu Ihrem 10 jährigen Jubiläum der Springer Tafel halten würde.

Kurz zu meiner Person:

Seit 5 Tagen 50 Jahre alt, Leiter des Diakonischen Werkes Hannover, einem Bauchladen mit vielen Hilfsangeboten, in dem 900 Menschen ehrenamtlich und etwa 1200 Menschen hauptamtlich arbeiten.

Tafelarbeit machen wir nicht, aber im Rahmen etwa einer Ökumenischen Essenausgabe versorgen wir beispielsweise im Winter jeden Tag ca. 200 Menschen mit Essen, insofern kenne ich auch ein bisschen Ihre Arbeit.

Das was Sie tun, gab es vor 10 Jahren noch nicht. Das heißt, das, was Sie tun, ist auch eine Antwort auf Veränderungen.

Und das soll meine Leitfrage für die kommenden 20 Minuten sein: Was hat sich verändert in unseren Städten, was verändert eine Stadt?

Sieben Aspekte will ich nennen, und der Einfachheit halber leihe ich mir unsere Woche als kleines Gliederungsprinzip. (Damit Sie wissen, wenn ich etwa am heutigen Donnerstag angekommen bin: Es gibt Hoffnung, bis Sonntag ist es nicht mehr weit und er ist durch.)

Aber jetzt beginne ich erst einmal am

Montag:

Erste These: Zuwanderung und Armut verändern eine Stadt.

Natürlich, das wissen wir alle.

Ein bisschen die Hintergründe ausleuchten.

Wir Deutschen lagen, das ist mein Eindruck, in einer Art Dornröschenschlaf. Und zwar in einem Dornröschenschlaf des Wohlergehens.

Ich selber bin mit meiner Generation Teil davon. In Gehrden auf der anderen Seite des Deisters groß geworden und uns ging es gut.

Zuwanderung war überschaubar, da ging es mal um einige hundert Boatpeople, das war schon etwas sehr besonderes. Syrien war ein ferner Fleck auf der Landkarte. Dann hat die Weltgeschichte den Weltstaubsauger eingeschaltet hat, der die bisherigen Sicherheiten wegsaugt hat. Auf einmal sind wieder Millionen Menschen auf die Flucht. Viele kommen hier an. Und heute, zwei Jahre nach dem „wir schaffen das", ist unsere Gesellschaft unsicher geworden.

Jetzt im Rückblick, ist immer einfacher, muss man fairerweise ja sagen, sind mir zwei Dinge klar geworden:

Je mehr wir bei dem Thema „Zuwanderung und Flüchtlinge " politisch korrekt waren, desto mehr Zulauf bekam die AfD. Nicht auf die Probleme hinweisen zu dürfen, weil das am Anfang als unkorrekt galt, war falsch.

Das zweite: Als meine Eltern zur Schule gingen, gab es keine Ausländer in der Klasse. Als ich zur Schule ging, gab es einen Franzosen. Der war sowas von Exotisch für uns.

Meine Kinder erlebten bereits im Kindergarten Kinder aus 10 Nationen.

Die Tatsache, dass viele Menschen aus aller Welt zu uns kommen, zeigt, dass unser Gesellschaftssystem fair, hochanerkannt und sozial attraktiv ist. Wir haben binnen einer Generation eine friedliche Transformation erlebt, die unglaublich ist. Muss man auch mal sagen.

Aber mit der Zuwanderung steigt auch die Armut. Menschen, die wenig haben, kommen zu denen dazu, die schon hier waren und auch wenig haben.

Wenn Menschen fliehen, geht das oft mit Armut einher, so dass inzwischen im Regionsdurchschnitt jeder achte (12,0 Prozent) auf staatliche Leistung zum Lebensunterhalt angewiesen. In Hannover ist es jeder sechste. In Isernhagen jeder 23.

Und das ist schon schwierig, und irgendwie auch verrückt im eigentlichen Sinne des Wortes:

Unser private Besitz -von uns allen- hat sich in den letzten 10 Jahren auf rund 10 Billionen Euro verdoppelt, während wir als Diakonie manchmal nicht wissen, wie wir die medizinische Hilfe für die Wohnungslosen bezahlen sollen, die jetzt auch aus Osteuropa kommen bezahlen sollen.

Wenn Armut auf Armut trifft, ist das ein schwieriges Nebeneinander.

In Hannover sind Wohnungslosigkeit und steigende Mieten ein großes Thema. Als Herausgeber der Straßenzeitung Asphalt bin ich häufig in Kontakt mit Asphaltverkäufern. Manche sagen mir dann: „ Für die,“ gemeint sind die Zuwanderer, „habt ihr Wohnungen, für mich nicht.“

Deshalb **Dienstag**:

Und die zweite These: „Kommunikation verändert eine Stadt.“

Natürlich versuchen wir dann miteinander zu reden, auch bei Asphalt. Natürlich reden wir auch als Gesamtgesellschaft darüber: Was kennzeichnet Heimat, wie verändert die Zuwanderung uns? Brauchen wir eine Obergrenze?

Das ist nicht leicht zu beantworten, denn als Christ bin ich der Meinung, dass es dem lieben Gott egal ist, ob ein Mensch aus Syrien oder dem Deister stammt. Und ich glaube, dass Gott will, dass auch Menschen aus Syrien ein Dach übern Kopf bekommen.

Aber dahinter steht ja die unausgesprochene Sorge und die müssen wir ernst nehmen, wenn mir neulich eine Mutter sagt:

„Oh, ich bin nicht sicher, aber wird das nicht ein bisschen viel, wenn wir in unserem evangelischen Kindergärten weit über 50 Prozent aller Kinder muslimisch sind?

Oder dass nicht nur in Garbsen in den Grundschulen mehr als 50 % der Kinder Eltern haben, deren Muttersprache nicht deutsch ist?

Das ist ja klar, dass das schwierig ist, wenn man sich im wahrsten Sinne des Wortes nicht versteht.

Das kennen Sie aus der Tafelarbeit: Sie stehen einem Kunden gegenüber, der mehr einfordert, als sie geben wollen. Das ist schwierig. Zumal Ihr Gegenüber womöglich noch nie davon gehört hat, dass es Menschen gibt, die etwas ehrenamtlich machen und nicht vom Staat bezahlt sind.

Und selbst wenn man die gleiche Sprache spricht: Gerade bei diesem Thema, so mein Eindruck, befindet sich jede Seite in einer Art Kommunikationsblase, die keine oder kaum Schnittmengen mit der anderen hat.

Wir wissen: Kommunikation ist alles. Deshalb, auch wenn sie oft schwierig und anstrengend ist, da müssen wir ran.

Zuwanderung verändert eine Stadt. Kommunikation oder auch Nichtkommunikation verändert eine Stadt. Und- damit bin ich beim **Mittwoch**:

Ehrenamt verändert eine Stadt

Wenn ich selber beheimatet bin, dann habe ich die Kraft, für andere da zu sein.

Und das ist schon ein Phänomen bei uns, das seines gleichen sucht.

Jeder zehnte in Deutschland engagiert sich ehrenamtlich. Viele auch für Zuwanderer. Das ist doch wunderbar und kommt im politischen Alltag mit der Fixierung auf die Weltpolitik viel zu kurz.

Zumal: Ohne Ehrenamt würde es bei uns nicht gehen:

Der Sozialstaat kann dafür sorgen, dass Menschen ein Dach über den Kopf bekommen.

Er kann die 1. Hilfe organisieren. Etwas zu essen, ein Bett zum Schlafen, Medizinische Versorgung.

Aber die zweite Hilfe, die Integration, die kann doch ein Staat nicht machen. Das können nur wir alle zusammen.

Unser Gemeinwesen braucht Kümmerer. Braucht Menschen, die sich eben nicht hinter ihre Fernseher zurückziehen.

Und wissen Sie etwas? Als Ehrenamtliche geben wir glaube ich auch etwas von dem zurück, was wir empfangen haben. Schließlich leben wir in einem der besten Systeme weltweit und da finde ich es gut, wenn wir Empfangenes auch wieder weitergeben.

Zuwanderung verändert eine Stadt. Kommunikation verändert eine Stadt. Ehrenamt verändert eine Stadt. Und damit bin ich bei Ihnen angekommen, beim heutigen Donnerstag und der Tafel.

Donnerstag:

Ehrenamt ist wichtig, schön – und Ehrenamt ist anstrengend. Da muss geackert, gesät, kultiviert und organisiert werden, das kennen Sie alles:

Angefangen haben Sie in der Innenstadt. Man kennt sich in Springe, das finde ich ja sowieso gut. Man spricht miteinander und dadurch geht, Stichwort Kommunikation, vieles einfacher.

Entsprechend war die erste Miete für Ihren Standort Zum Niederntor erschwinglich. Aber nach vier Jahren gab es die Eigenbedarfskündigung und standen Sie da: Sie mussten, komplett ehrenamtlich aufgestellt, neu suchen.

Sie, Herr Lampe, Sie Herr Wolf, sind dann zusammen mit anderen im Jägernstieg fündig geworden, Ihrem jetzigen Standort.

Das war ja vorher ein Brautmodengeschäft drin, - ja und damit die Übergabe, damit der Räumungsverkauf schneller ging, haben Sie gleich kräftig mitgeholfen und gleich mehrere Anzugjacken gekauft. Brautkleider ging ja nicht. Auch das ist Einsatz.

Und inzwischen haben Sie 1200 Bedarfsgemeinschaften versorgt. Im Schnitt mit drei Personen, wir reden also über 3600 Personen. Da ist mehr als Völksen oder Eldagsen Einwohner hat. 50- 60 Ehrenamtliche krempeln dafür die Ärmel hoch, 100 Mitglieder in ihrem Verein unterstützen Sie dabei, damit es auch finanziell läuft-

Liebes Auditorium, nur am Rande: Ich glaube, Herr Lampe hat noch ein paar Eintrittsformulare dabei, wenn nicht, sonst schickt er Ihnen welche. So ein Verein braucht schließlich immer Geld.

Ehrenamt verändert eine Stadt. Ohne Ehrenamt würde es die Tafelarbeit nicht geben. Gut 900 gibt es in Deutschland, allein über 100 in Niedersachsen, was ja auch schon etwas über uns Niedersachsen sagt.

Ihre ehrenamtliche Arbeit, das ahnen wir, ist oft nicht leicht:

Wenn etwa die Milch alle ist und das nicht verstanden wird. „Wieso alle, aber mein Kind braucht doch Milch?!"

Und natürlich wäre es gut, wenn auch Zuwanderer langsam in die Reihen der Ehrenamtlichen kämen, einen afrikanischen Pastor hatten Sie ja schon mal.

Und natürlich ist es wichtig, Stichwort die Diskussion über die Tafel in Essen, dass Menschen auch weiterhin kommen, die schon in Deutschland geboren sind und zu wenig haben.

All das kriegen Sie hin.

Deshalb: Herzlichen Glückwunsch. Sie stehen seit 10 Jahren Menschen bei. Ein Applaus wert.

50 % aller, die von Ihrer Arbeit profitieren, sind Kinder, haben Sie erzählt. Das hat mich nochmal nachdenklich gemacht. Die Kinder können vor der Tafel spielen, da stehen Bänke, da ist Platz und die Zuwegung zur Straße zum Jägerstieg abgesperrt, damit nichts passiert, alles gut,

-aber 50 % erleben, dass ihre Eltern auf diese Hilfe angewiesen sind. Was macht das eigentlich mit den Kindern, die zur Tafel kommen?

Und damit bin beim **Freitag**.

Mir ist das nachgegangen. Wie sieht es aus mit diesen Kindern? Ich habe sie ja bei meinem Besuch neulich bei Ihnen gesehen, wie sie herumflitzen-.

Diese Kinder zu integrieren, ist ja absolut wichtig. Bildung, Bildung und noch mal Bildung ist die Eintrittskarte in unsere Gesellschaft.

Was teilweise enorm anstrengend ist. Auch hier in Springe sind Kinder in den Schulklassen, ich habe es angesprochen, die kein Deutsch können. Für die Kinder ist das anstrengend, für die Eltern, für die Lehrer, für die Mitschüler.

Ich war neulich wieder mit 12, 14 jährigen Kindern und Jugendlichen zusammen, die als unbegleitete minderjährige flüchtlinge hier sind, altkluge Kinder zum Teil, mit einem erwachsenen Habitus und kindlichen blick, ich weiß gar nicht genau wie ich das beschreiben kann. Andere Welt. Die fangen fast bei null hier an.

In der Schule treffen diese Welten dann zusammen. Der 14 jährige Deutsche mit Tennisunterricht und Urlaub auf Gran Canaria im Einfamilienhaus mit dem 14 jährigen Afghanen, der in Teilen zu Fuss hierher gewandert ist und nichts hat.

Darauf müssen wir unser Bildungssystem auch einstellen. So dass sich der 14 jährige Deutsche nicht langweilt, und der Afghanische Junge trotzdem Anschluss findet. Denn für ihn wird unser Bildungssystem zu einer Schicksalskorrektur, wenn es gut läuft. Das kostet Geld und Kraft. Aber noch viel teurer ist es, dass nicht zu tun. Wenn wir unser Geld nicht in Bildung investieren, müssen wir es am Ende überspitzt gesagt für Gefängnisse ausgeben.

Ein Nebensatz: Das ist schon bitter, wenn ich in unserer Straffälligenhilfe mit den jungen Leuten ins Gespräch komme. Wir haben da einen Drehtüreffekt.

Wenn Sie rauskommen, finden viele keine Wohnung. Ich mein, finde mal als straffällig gewordener Ausländern eine Wohnung. Also kommen sie in die städtische Notunterkunft im Mehrbettzimmer. Der Mitschläfer bedient sich dann angeblich in der Brieftasche des Neuankömmlings, dieser wehrt sich, wie er es gelernt hat, langt ihm eine, und es geht zurück ins Gefängnis.

Wir sind immer noch gut, wie haben keine Banlieus wie um Paris, aber eine kluge Gesellschaft wie unsere sollte sich nicht in Fürsorge für Benachteiligte erschöpfen, sondern auf den Abbau struktureller Ursachen konzentrieren-

Wie gehe ich denn damit um, wenn ich mit einem Asphaltverkäufer in eine Schulklasse gehe und mir ein 9 Klässler sagt, ach hör doch auf, ich gehe harzen wie mein Vater und Schluss.

Schwer, an die ran zu kommen. Zumal wir kaum eine Durchlässigkeit von unten nach oben haben. Aber so wichtig.

Deshalb: Die Kinder, die vor Ihrer Tafel herumsausen, die sollten wir im Blick behalten. Denn eine gute Bildung verändert eine Stadt. Schlechte Bildung auch.

Samstag:

Wir brauchen noch etwas: Nämlich sozial engagierte Firmen.

Auch die verändern eine Stadt.

Was passiert denn mit den Lebensmitteln, die am Samstag nicht verkauft werden?
Wegschmeißen?
Das war lange Realität.
Realität war auch, dass der wirtschaftlicher Erfolg und soziales Engagement sich manchmal diametral gegenüberstanden.

Inzwischen wissen wir, wissen Unternehmen, dass sie auch soziale Verantwortung übernehmen müssen, wenn sie wirtschaftlich weiterhin Erfolg haben.
Der Getränkepfand am Automaten nicht für einen selbst, sondern für die Arbeit der Tafeln, auch das verändert eine Stadt und ihr Bewusstsein. In vielen Geschäften längst Realität.

Und das ist gut so:

Wenn ich mit Unternehmern spreche, dann sind sie ansprechbar.

Sagen nicht, „lass mich in Ruhe mit Deiner Bettelei".
Sondern sie wissen, dass sie kritisch beäugt werden.
Denken wir an die Vorstandsgehälter.
„Die verdienen sich da oben dumm und dusselig", so Volkes Stimmes. Oder.

„Die großen zahlen sowieso keine Steuern oder wenn dann nur unter drei Prozent, so wie Google in Irland".

Es ist gut, dass Unternehmen bereit sind, auch jenseits des Kerngeschäfts Verantwortung zu übernehmen.

Zumal ich als Mitarbeiter doch in einer Firma arbeiten will, die ein soziales Gewissen hat.
Und als Mitarbeiterin bei Rewe gebe ich die Lebensmittel doch lieber der Tafel, als sie am Ende wegwerfen zu müssen.

Und so hängt alles miteinander zusammen.

Die Antwort auf Zuwanderung und Armut sind gute Bildung, sind ehrenamtliches Engagement, sind soziale Betriebe, sind der richtige Umgang miteinander.

Wenn das gut ineinandergreift, verändert das eine Stadt zum Guten. So wie hier in Springe.

Eine Stadt, die sich dann am siebten Tag von all diesen Veränderungen auch einmal ausruhen kann.

Und sich, jetzt kommt das Wort zum Sonntag, bin ja schließlich Pastor, bewusst ist:

Das älteste erhaltene Gebäude von Springe ist nicht umsonst die St. Andreas Kirche.

Sie steht für unsere christliche Überzeugung, die weiß:

Der Wert von uns Menschen wird nie an unserem volkswirtschaftlichen Nutzen zu bestimmen sein. Die Ökonomie lehrt zwar: Teile und du wirst ärmer.

Aber alle, die sich in der Tafelarbeit und darüber hinaus engagieren, wissen:

Die Ökonomie einer Tafel, und erlauben Sie mir das zu sagen, die Ökonomie Gottes aber lehrt: Teile und du wirst reicher.

Dass Sie das erleben, das wünsche ich Ihnen von Herzen.

Vielen Dank für Ihre Aufmerksamkeit

Predigt zum Festgottesdienst anlässlich der Eröffnung der Woche der Diakonie in der Marktkirche Hannover 2016

Liebe Gemeinde,

kriegen wir das hin?

Natürlich kann das Alter schön sein.

Man hat Zeit, nicht wenigen geht es auch wirtschaftlich gut. Zum Beispiel unsere Nachbarn. Ich komme schon gar nicht mehr mit, wann sie jetzt wo unterwegs sind. Wir holen einfach die Post und dann werden wir es schon erfahren.

Aber das ist ja nur das eine Gesicht. Das Alter hat auch noch ein anderes Gesicht. Und dieses *andere* Gesicht beschäftigt mich viel mehr.

Besuch im Krankenhaus bei einem Familienangehörigen. Da liegt dann jemand, den man sein Leben lang kennt, alt geworden. In diesen Krankenhaushemdchen.

Die Decke fällt runter. Das Bettlaken ist beschmiert. Vom Angehörigen unbemerkt. Gut so, denke ich. Oder doch nicht?

Ich weiß das nicht.

Und theologisch? Was kann ich theologisch dazu sagen?

Mir fällt Jesaja ein. Ein Prophet, der in wirklich tiefster Dunkelheit Hoffnungsszenarien an den Horizont gemalt hat. Wir haben es in der Lesung gehört, dass er über Gott sagt:

„Auch bis in euer Alter bin ich derselbe und ich will euch tragen, bis ihr grau werdet."

Eine wunderbare Zusage.

Aber – jetzt mal ehrlich: Können wir das glauben? Hilft das?

Wenn ich da im Bett liege und der Tag lang wird?

Ich wünsche mir das, liebe Gemeinde. Ich hoffe das. Ich setze darauf. Vielleicht ist es nicht viel, aber doch mehr im Gegensatz zu den vielen, die an gar nichts glauben können und völlig auf sich allein geworfen sind.

Immerhin das haben wir als Christen, denke ich, als ich die 6 Etagen aus dem Krankenhaus hinunterging: Wir haben ein Gegenüber. Den wir ansprechen können. Zur Not auch anklagen können.

Zu schimpfen traue ich mich irgendwie nicht. Obwohl mir manchmal nach Schimpfen ist.

Liebe Gemeinde, das Alter hat zwei Gesichter. Wie gehen wir damit um?

Nochmal:

Das Alter kann schön sein.

Vor vier Wochen habe ich an einem Samstag meinen Vater in Hannover vor dem Birkenhof abgeholt, wo er mit meiner Mutter jetzt lebt. Zusammen sind wir mit den Rad nach Burgdorf gefahren, haben dort mit seinen Enkeln Mittag gegessen. Danach ging es zum Kirchhorster See, wir waren baden. Abends haben wir uns in einem Cafe mit meiner Mutter getroffen, die mit ihrem Rollator dazukam.

Mir hat das auch Spaß gemacht und ich habe gedacht: Wenn ich alt bin, würde ich so etwas auch schön finden.

Das Alter kann schön sein. Das Alter ist auch im Kommen. Ganze Forschungsgebiete handeln davon, wie wir im Alter produktiver, wie wir mehr Anteil haben können. Das ist gut.

Neulich, das muss ich einfach erzählen, neulich bekam ich doch tatsächlich in der Fussgängerzone von jungen Frauen, die Proben verteilten, so eine Anti Aging Creme geschenkt. „Jetzt ist es soweit“, dachte ich.

Nur was macht man damit: Soll *ich* die jetzt ausprobieren oder meiner Frau schenken?

Gebe zu, die Frage habe ich noch nicht geklärt.

Aber viel wichtiger ist ja auch die Frage: Warum reden wir eigentlich von anti aging? Und nicht, wenn wir schon mal beim Englischen sind, von pro aging gehen? Von succesful aging, wie es die Fachleute nennen.

Es gibt ja auch das gelingende Alter.

In der Werbung, das merken wir gerade, wird das Alter neu entdeckt.

Die Zeitung die Zeit, das passt dazu, wies jetzt tatsächlich auf die Mode hin, sich das Haar grau zu färben.

Vielleicht haben die ja auch die Bibel neu wahrgenommen, wo es heißt: „Du sollst vor grauem Haar aufstehen, (Lev 19,32), eine Textstelle, die ich gerne meinen Kindern vorlese.

All das ist gut.

Gut ist auch, dass wir uns langsam von starren Altersgrenzen wegbewegen. Warum soll man, wenn man will, nicht auch länger arbeiten?

Warum dürfen das nur Politiker und der Papst?

Logisch ist das nicht. „Mit 66 Jahren“, wir alle kennen das Lied von Udo Jürgens..

Hier ist viel im Fluss und ich finde das gut.

Gut ist auch, dass wir dabei sind, neue Ideen, neue Wohnformen, neue Vision zu entwickeln. Unsere Diakonie ist da mitten drin. Auch im Gespräch mit der Stadt.

Denn natürlich brauchen wir wohnortnahe und abgestufte Hilfesysteme. Natürlich brauchen wir die Pflege im Quartier und natürlich brauchen wir die moderne Gemeindeschwester.

Die uns aber, und jetzt kommt wieder die andere Seite des Alters zum Vorschein, die uns aber in 5 Jahren, wenn das so weiter geht, noch mehr fehlen wird.

Denn die Bezahlung und die Arbeitszeiten sind nicht gut.

Und wenn wir alle zusammen hier nicht gegensteuern, gehen wir auf ein Riesenproblem zu.

Ich bin kürzlich einmal mitgelaufen in der ambulanten Pflege. Ich wusste schon nach vier Stunden nicht mehr, bei wie vielen wir zu Hause eigentlich waren. Es ging so schnell.

Es geht schnell: Dass das schöne Gesicht des Alters zu einem verzerrten wird.

Ich habe neulich mit einem pflegenden Angehörigen gesprochen. Und der hat erst mal seine ganze Wut rausgelassen, weil er sich über Jahre angekettet fühlt.

Ich will euch tragen bis ihr grau werdet?

Er, der pflegende Angehörige, fühlte sich schon lange nicht mehr getragen.

Deshalb brauchen wir beides: Seelsorge und politische Veränderung.

Wir müssen darauf drängen, dass ein Ruck durch unsere Gesellschaft geht.

Wir müssen darauf drängen, dass es neben dem einen Megathema Flüchtlinge auch noch ein weiteres gibt:

Das Alter und seine Schattenseiten. Die wir viel zu selten anschauen, weil sie im Dunkeln liegen.

„Nein," so erzählte mir eine Frau. „Ich bin schon länger nicht mehr draußen gewesen."

Sie wohnt im zweiten Stock und ich frage nach: „Wie lange denn nicht mehr?":

„Ja, wie lang? Na ja," antwortet sie, „zwei Jahre sei das wohl her, dass ich draußen war. Wissen Sie, ich komme nach dem Oberschenkelhalsbruch die Treppe nicht mehr runter."

Liebe Gemeinde, da ist ganz viel Leid im Stillen.

Die Bilder aus Idomeni habe ich vor Augen, ich kann sie nicht so schnell vergessen.

Die Bilder dieser Frau in der armseligen Wohnung sind aber auch da.

Jetzt rief das ZDF bei uns im Diakonischen Werk an und fragte, ob wir nicht alte Menschen vorschlagen könnten, die bereit sind, über ihre Situation von Alterseinsamkeit und auch Armut zu sprechen.

Der Bruder von dem Sänger Grönemeyer, der Arzt, würde gerne mit einem sprechen.

Da begleiten wir -dank Ihnen- in unserem Diakonischen Werk hunderte von Menschen. Von vielen wissen wir es, dass es ihnen nicht gut geht.

Aber bereit, darüber öffentlich zu sprechen, war keiner.

Weil es schambesetzt ist.

Das kann doch nicht sein.

Deshalb müssen wir zweierlei tun:

Wir dürfen und wir werden als Kirche nicht müde werden, Menschen beizustehen. Wir dürfen und wir werden nicht müde werden, Menschen zu besuchen und ihre Klage auszuhalten.

Der Partnerbesuchsdienst macht das seit 30 Jahren unermüdlich.

Ich möchte einfach einmal bitten, dass wir allen hier, ob aktiv oder ehemals aktiv, dass wir allen hier, die seit Jahr und Tag Menschen besuchten und besuchen, einmal danken.

Sie sind die Menschen, die dafür sorgen, dass das harte Gesicht des Alters immer wieder auch weich wird.

Sie sind die Menschen, die dafür sorgen, dass ein Glänzen in die Augen tritt.

Deshalb danke und ein Riesenapplaus für das, was Sie tun!

Wir werden das, so lange wir können, auch weiter hauptamtlich begleiten.

Und seien Sie gewiss: Wir setzen weiter darauf, dass unser Gott -auch wenn wir grau geworden sind- dergleiche bleibt.

Weil das harte Gesicht des Alters, weil das Leid, nicht das letzte Wort ist.

Aber- und das ist andere:

wir dürfen doch deshalb nicht unseren Mund verschließen.

Wir dürfen doch unseren Mund nicht verschließen, wenn es darum geht, laut darauf hinzuweisen, dass jeder zweite Haushalt in Hannover inzwischen Einpersonenhaushalte sind. Viele von denen bewohnt von älteren Menschen, die darauf warten, dass sich die Tür auch einmal von außen öffnet.

Die dringend darauf warten, dass jemand kommt.

Wir müssen die Rahmenbedingungen verbessern. Wir müssen die Vernetzung in den Quartieren verbessern.

Liebe Gemeinde, ich wünsche mir das.

Und ich setzte darauf, dass wir das hinkriegen.

Da ist so viel Leid im Stillen. Ich setze darauf, dass Gott uns, wie es nur wenig später bei Jesaja heißt,

ich setze darauf, dass Gott der Herr uns allen eine Zunge gibt, dass wir wissen, mit den Müden zu rechter Zeit zu reden.

Ich setze darauf, dass das ganz alte Wissen der Bibel, ja der Menschheit, das Alter zu ehren, wieder in den Vordergrund tritt.

Lasst uns nicht nur nach Pokemons jagen, sondern besuchen wir, reden wir, begleiten wir. Das ist das eine.

Aber das andere ist: Lasst uns, wenn nötig, auch laut werden. Laut auf Missstände hinweisen.

Helfen wir mit. Fassen wir an.

Und:

Klagen wir an.

Es ist Zeit, allerhöchste Zeit.

Amen

Rainer Müller-Brandes

Speisung der 5000, Markus 6, 30-44 als Anfrage an unsere life-work balance

Andacht vor den Hauptamtlichen Mitarbeitenden eines städtischen Kirchenkreises

Ich fange vorne an

„Jesus sprach zu seinen Jüngern: Geht ihr allein an eine einsame Stätte und ruht ein wenig.

Denn es waren viele, die kamen und gingen, und sie hatten nicht Zeit genug zum Essen.

Und so fuhren die Jünger und Jesus in einem Boot an eine einsame Stätte für sich allein."

Das ist modern im Moment. Work – life balance und so etwas.

Essen Sie regelmäßig vernünftig zu Mittag oder leben Sie von den Schnittchen, die es bei den Geburtstagsbesuchen gibt?

Noch etwas gehört zur life work balance.

Jesus sagt das seinen Jüngern. Uns auch. „Geht allein an eine einsame Stätte und ruht ein wenig."

Wann haben wir das das letzte Mal gemacht?

Ich frage:

Wann haben wir als Pastoren von den Oasentagen das letzte Mal Gebrauch gemacht?

Wann ein Angebot vom Pastoralkolleg angenommen?

Lange her, bei mir jedenfalls. Weil ich immer denke, wann soll ich das aufholen?

Die Menschen müssen doch „Versorgt“ werden.

Und wenn ich weg bin, muss der Kollege die Beerdigungen machen.

Deshalb -je nach Persönlichkeitsstruktur- schmeißen wir das Heft gleich weg oder heften es zumindest ab.

„Geht an einer einsame Stätte und ruht ein wenig.“

Auch die Diakonie ist atemlos. Ein Jahr ist lang, keiner weiß, was ich einem Jahr ist. Ob die Zuschussgeber uns dann noch gewogen sind.

Deshalb sind wir vorsichtig mit Einkehrtagen etwa für die Mitarbeiterinnen der Altenheime.

Denn dann müssen Zeitarbeitsfirmen einspringen. Schließlich können die Menschen nicht unversorgt bleiben.

Zeitarbeitsfirmen sind teuer.

„Außerdem“, so höre ich weiter, „im Moment sind doch so viele krank. Die Grippe greift ums sich. Da können wir doch nicht auch noch so einen Tag machen.“

Oder sind, ich frage nur, im Moment so viele krank, weil wir das andere zu wenig machen?

Jesus selber, die Bibel ist voll davon, zog sich zurück. Er konnte gar nicht ohne.

Vor dem Heilen, so ist etwa in der parallelen Mtversion dieser Geschichte zu lesen, zieht er sich zurück und betet.

Für mich ist das gleich eine erste Verhältnisbestimmung von Diakonie und Kirche. Erst betet er, dann heilt er.

Heilen wir ohne zu beten?

Machen wir Diakonie ohne Kirche?

„Die Kirche und ihr diakonisches Profil", sind beliebte Workshopthemen. „Die Kirchengemeinde und ihre Diakonie" geht genauso.

Die Anmeldezahlen sind nicht allzu groß.

Zu alt ist das Thema. Manche in Diakonie, manche in der Kirchengemeinde haben das Thema bereits ad acta gelegt.

Dabei ist das Thema dran:

Und wenn ich ehrlich bin:

Wieviel Vorstellungsgespräche habe ich schon als Diakoniker geführten und wieviel irritierte Blicke habe ich schon geerntet, wenn ich frage, ob es eine irgendeine Art von Gemeindenähe beim Bewerber gebe oder gegeben habe.

Leitbilder schreiben können wir gut, aber dann?

Warum fordern wir in der Diakonie Profil und machen so wenig dafür?

Warum, ich provoziere, reden wir in unseren Gemeinden von Diakonie, sind aber längst milieuverengt und erreichen die nicht bürgerlichen immer weniger?

Weil wir den Mangel verwalten?

Weil wir auch Manager geworden sind? Werden mussten. Die tausend andere Dinge im Blick behalten müssen.

Was ja nichts Schlechtes ist. Schließlich machen es uns die Jünger vor:

Ich lese:

„Als nun der Tag fast vorüber war, traten seine Jünger zu ihm uns sprachen: Es ist öde hier und der Tag fast vorüber, lass sie gehen, damit sie in die Höfe und Dörfer ringsum gehen und sich Brot kaufen."

Die Jünger sehen das Problem und wollen es durch Delegation lösen. .

Und ich finde mich sofort wieder.

Wenn jemand bei mir an der Pfarrhaustür klingelte, weil er Hunger, aber kein Geld hat, schickte ich ihn zur Tageswohnung für Wohnungslose. Wo es die Lebensmittelgutscheine gibt.

Wenn der Asylbewerber aus dem Iran zu mir in den Gottesdienst kommt, wie neulich geschehen, und mich danach anspricht, dass er Arbeit sucht, -weil er sich wegen des unmenschlichen Arbeitsverbots bald zu Tode langweilt, -schicke ich ihn zu unserer Migrationsberatung.

Gelungene Arbeitsbeziehung zwischen Kirchengemeinde und Diakonie.

Dachte ich.

Nur: Beim nächsten Gottesdienst war der Iraner tatsächlich doch schon wieder da.

Also sah ich zu, dass ich mich in Gespräche mit anderen Besuchern verwickeln ließ. Weil ich auch nicht so genau weiß, was ich mit ihm machen soll.

Dass es auch anders geht kann, wenn Diakonie und Kirchengemeinde Hand in Hand gehen und Mischträgerschaften eingehen, davon träume ich.

Zurück zum Bibeltext:

Auf die Jünger kann ich mich berufen.

Nicht berufen aber kann ich mich auf Jesus.

Und das macht es schwer:

Denn Jesus sagt: Ich lese:

„Gebt ihr ihnen zu essen."

Mein erster Impuls: Wieso wir?

Wir haben doch selber zu wenig Geld.

Ja, wenn die Finanzierung durch die öffentliche Hand auskömmlich wäre, dann.

Aber so.

Nur: Jesus sagt: Gebt **ihr** ihnen zu essen.

Die Reaktion der Jünger ist entlastend und vertraut:

„Sollen wir den hingehen und für 200 Silbergroschen Brot kaufen?"

Er aber sprach zu ihnen: Wieviel Brote habt ihr?

Heute würde er vielleicht fragen:

Wieviel Geld ist eigentlich im Diakoniefonds meiner Kirchengemeinde?

(Klammer auf: Bei mir ist es eine deutlich fünfstellige Zahl)

Und als sie es erkundet hatten, sprachen sie:

„Fünf und zwei Fische."

Den Jüngern war eines sofort klar: Die fünfstelllige Summe,

äh nein, die fünf Brote und zwei Fische reichen doch gerade für uns selbst. Für uns und unsere Organisation.

Und das sollen wir geben?

Weiter:

„Und er gebot ihnen, dass sie sich alle lagerten, tischweise auf das grüne Gras. Und sie setzen sich in Gruppen zu hundert und zu fünfzig."

Überschaubare Gruppen.

Jesus ist das wichtig. Denn in Gruppen, wo Beziehungen aufgebaut werden, wo man sich noch in die Augen schaut, können Wunder geschehen.

Ist das des Geheimnis` Lösung?

Jesu Plädoyer für eine überschaubare Zahl? Für eine Größe, wo man sich kennt und sich deshalb gegenseitig unterstützt?

Ich denke an unsere Diakonie:

Diakonieverbände, Kindertagesstättenträgerverbünde, Bethel Nord und Birkenhof, Stephansstift und Kästorf, Henriettenstift, friederickenstift und Annastift bilden zusammen die Diakonischen Dienste Hannovers. Das ist der Trend der Zeit. Ich weiß auch nichts Besseres.

Nur:

Ich frage: Wie steht es um Jesu Plädoyer für eine überschaubare Größe?

Die Synergien noch einmal ganz anderer Art schafft?

„Und", ich lese, „er nahm die fünf Brote und zwei Fische."

Jesus nimmt, was da ist. Statt zu beklagen, was nicht da ist. Er ist ressourcenorientiert. Nicht defizitorientiert. Das ist nun wiederrum ungewöhnlich.

„Er sah auf zum Himmel und dankte."

Klagen ja, das ist zur zweiten Natur geworden, aber danken?

Schnell weiter:

„Er brach die Brote und gab sie den Jüngern, damit sie unter ihnen austeilten, und die zwei Fische teilte er unter sie alle."

Jesus verteilt echt alles. Behält keine Rücklagen zurück.

Fahrlässig, denke ich. Nahe an der Insolvenzverschleppung. Mehr will ich dazu gar nicht sagen.

„Und sie aßen alle und wurden satt."

Zum Schluss noch ein persönlicher Satz:

Ich wurde gefragt: Wollen Sie sich das wirklich antun? Die Nachfolge von Herrn Joost antreten? Nach all dem?

Wissen Sie denn nicht, dass die Kirchengemeinden kürzen mussten, dass da ein Wettbewerb ums Geld im Gange ist?

Wissen Sie denn nicht, dass es Kräfte gibt, die sagen, die Gemeinden auf Kosten der Diakonie besser, nein, weniger schlecht auszustatten?

Ich wusste es vielleicht nicht, aber habe es in Ansätzen geahnt.

Trotzdem habe ich mich beworben:

Weil ich von einer Diakonie, weil ich von meiner Kirche träume, die delegieren, wo es angebracht ist.

Die gleichzeitig aber auch zusammen die Dinge anpacken, die anstehen.

Da wo es geht: Als Mischträgerschaft. Kirchengemeinde mit ihrem diakonischen Werk.

Denn eines bleibt:

Die Botschaft Jesu:

„Gebt ihr ihnen zu essen,“

„Nehmt das, was ihr habt. Und gebt es denen, die hungrig sind.“

Und alle aßen und wurden satt.“

Das umzusetzen, als Kirche mit ihrer Diakonie, ist unsere Aufgabe.

Amen

Printed by Books on Demand GmbH, Norderstedt / Germany